Notices

SUR LE

BOUDDHISME

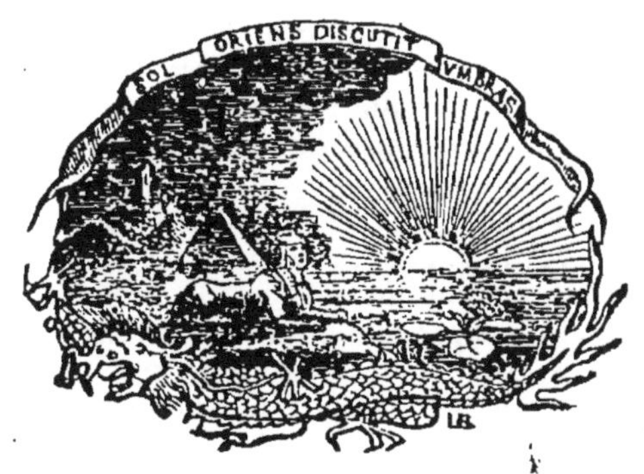

PARIS

ERNEST LEROUX, LIBRAIRE-ÉDITEUR

28, RUE BONAPARTE, 28

1890.

Publications de la Société d'Ethnographie

SECTION ORIENTALE

PREMIÈRE SÉRIE. — BULLETIN (TOMES I A IV).

I-IV. — *Bulletin de la Section Orientale*. Paris 1868-90.
— Quatre volumes in-8º, avec planches.... 48 fr. »

SECONDE SÉRIE. — MÉLANGES ORIENTAUX (TOMES V A IX)

V. — *Études Orientales* (sous presse).
VI. — *Notices sur le Bouddhisme*. — Un vol. in-8º.
VII. — *Dictionnaire des Religions orientales*, publié par D. MARCERON.
VIII. — *Dictionnaire d'Ethnographie asiatique.*
IX. — *Alphabet international pour la linguistique*, par Léon DE ROSNY.

TROISIÈME SÉRIE. — BIBLIOTHÈQUE ORIENTALE (TOMES X A XVI)

X. — *Grammaire générale indo-européenne*, par F.-G. EICHHOFF. Paris, 1867. — Un volume in-8º....... 6 50
XI. — *Dictionnaire des signes idéographiques de la Chine*, par Léon DE ROSNY. Paris, 1867. Un volume in-8º 20 »
XII. — *Variétés orientales*, historiques, géographiques, scientifiques, bibliographiques et littéraires, par Léon DE ROSNY. Paris, 1869. — Un vol. in-8º, avec planches.................................. 7 »
XIII. — Le *Li-sao*, poème du IIIᵉ siècle avant notre ère, traduit du chinois par le marquis D'HERVEY DE SAINT-DENYS. Paris, 1870. — Un volume in-8º. 7 »
XIV-XV. — *Congrès international des Orientalistes*. Session de Paris. Paris, 1876. — Deux volumes in-8º, planches.................................. 7 »
XVI. — *Congrès provincial des Orientalistes*. Session de Levallois. Paris, 1876. — Un volume in-8º, planches.................................. 6 50

L'ÉVOLUTION RELIGIEUSE

ET

LE BOUDDHISME

Par **P. LAMAIRESSE**, M. C.

———

Tout homme, même dans l'état le plus sauvage, a la conscience de son individualité et de son pouvoir de produire des actes ou effets conformes à sa volonté spontanée ou réfléchie. Il se sent essentiellement une entité qui, servie par son corps, modifie dans certaines limites ce qui n'est pas elle, et même son propre corps. Il voit que les autres hommes et même les animaux sont des individualités douées à des degrés divers d'un pouvoir semblable. Alors, en lui se produit la notion et se forme l'idée de *force animée*, cause de phénomènes, n'obéissant qu'à une impulsion intérieure, qui est d'abord la sollicitation du besoin, de l'amour ou de la haine. Nous donnerons à la conception primitive et universelle, bien qu'embryonnaire, ainsi définie, le nom d'*âme* (anima) ou *esprit* pour ne pas inventer un nom exprès. Et comme nous voulons faire, au moins au début, toute réserve en ce qui concerne ce qu'on appelle en philosophie l'âme, nous prions le lecteur de vouloir bien oublier momentanément toutes les définitions qu'il peut avoir antérieurement apprises de ce mot pour ne lui conserver que le sens très restreint que nous venons de lui attribuer.

Voyant la plupart des phénomènes autour d'eux produits par des êtres animés comme eux, les premiers hommes, dans leur ignorance des causes et effets naturels ont été conduits à attribuer à des entités semblables à eux, à des âmes ou esprits, tous les effets qu'ils ne savaient pas expliquer autrement, et à prêter à ces esprits une puissance surhumaine quand il s'est agi d'effets sur lesquels l'homme n'avait aucune prise et enfin, en continuant à raisonner par analogie, à attribuer à ces esprits, à ces puissances, des corps (1).

Quand il s'est agi des grands effets naturels, les corps se sont trouvés tout indiqués ; le globe du soleil a été le corps de l'esprit cause de la chaleur et de la lumière solaires ; de même de la lune etc., et aussi, quoique moins immédiatement, pour tout ce qui tombe sous l'un de nos sens, comme le vent, le tonnerre, etc. En d'autres termes, on prêta une âme, un esprit, au soleil, à la lune, au vent, au tonnerre, etc.

Rien de plus simple et de plus naturel pour des causes

---

(1) Il est très remarquable que les langues ariennes, touraniennes et sémitiques aient presque le même mot pour désigner les esprits ou génies, *genius* latin, 神 *chin* chinois, جن *djinn* arabe.

aussi apparentes. Mais quand il s'est agi de causes latentes ou ignorées, comme celles des épidémies, des épizooties, de la fièvre et des maladies diverses, des victoires et des défaites, etc., il a fallu inventer des corps pour ces causes ou forces personnifiées; de là les fétiches; tantôt idoles bizarres, dieux des nations, tantôt objets physiques fort grossiers, comme aujourd'hui encore dans l'Inde les boutams, pierres brutes auxquelles les hommes des jungles prêtent des pouvoirs démoniaques. Il est advenu ensuite des fétiches, comme de toutes les formes symboliques; la grossièreté du vulgaire a confondu avec les symboles les forces ou pouvoirs qu'ils représentaient.

Le président de Brosset, dans sa *Dissertation sur les Dieux Fétiches*, publiée en 1760, a développé cette thèse (que le fétichisme, ou l'adoration d'objets matériels est la base et le fonds commun de toutes les religions primitives); et cette opinion a eu longtemps beaucoup de crédit. M. Max Muller l'a réfutée péremptoirement dans son livre qui a paru en 1879 : *Origine et développement de la Religion, étudiés à la lumière des religions de l'Inde.* Il a fait voir que le fétichisme est loin d'avoir eu la généralité qu'on lui avait accordée et que, le plus souvent ce qu'on avait pris pour des fétiches, était un pur symbolisme d'attributs moraux. C'est ainsi que *Ganésa*, le dieu Hindou de la littérature et des beaux arts, est représenté avec une trompe d'éléphant, signe de l'intelligence et un très gros ventre qui figure l'opulence. On prendrait à première vue son idole pour un fétiche, et cependant elle ne l'est pas plus qu'une statue d'Apollon ou de Minerve.

Le Fétichisme, ainsi que l'a établi M. Max Muller, n'est même pas la religion de la plupart des peuples sauvages; ceux-ci sont allés jusqu'à l'intuition de l'infini par l'aspiration au-delà du fini, et beaucoup croient à une vie future et à un Être suprême, sous le nom de Grand-Esprit.

Des forces au pouvoir surhumain personnifiées comme nous l'avons dit, les unes étaient bienfaisantes, les autres malfaisantes. Delà, naturellement, des supplications pour gagner leur faveur ou fléchir leur courroux, des sacrifices, des victimes etc. Les manifestations durent, à l'origine, être essentiellement intéressées et inspirées par le profond sentiment que l'homme avait de sa faiblesse. Ce fût la première phase de l'adoration, celle de la crainte et de l'intérêt.

Les psychologues modernes ont, avec beaucoup de raison, classé nos sentiments en deux grandes catégories : les *égoïstes* et les *altruistes;* la dernière expression surtout est parfaitement caractéristique; elle embrasse et remplace avantageusement plusieurs dénominations qui se disputent la préférence des écoles, des partis et des sectes, sympathie, dévouement, patriotisme, solidarité entre les hommes, charité, etc. C'est au point de vue de cette division essentielle qu'il faut différencier entre elles les races humaines et les diverses phases du développement historique, soit de l'humanité dans son ensemble, soit de chacune de ses branches considérées séparément.

L'homme des premiers âges, condamné à beaucoup de misères et à des luttes incessantes contre la nature animée et inanimée ne pût avoir que bien peu de sentiments altruistes et sa religion dût être égoïste. Toute cause, toute force qu'il ne pouvait combattre, fut à ses yeux une puissance surhumaine, esprit, génie ou démon, une déité. Après avoir admis ces personnalités, il était naturel de se les figurer comme se transportant d'un lieu dans un autre pour y produire les effets qu'on leur avait originairement attribués et d'autres encore. De là l'*Animisme* ou *Démonisme;* la croyance au règne des esprits, des génies, qui, évidemment, a été générale et qui semble avoir, pendant des siècles, formé presque à elle seule la religion de toute la Haute-Asie.

Parmi ces esprits, ces génies, par une pente fatale, on admit bientôt les revenants, les spectres prolongeant la vie humaine au-delà de la tombe. C'était le polythéisme à l'état moléculaire pour ainsi dire et encore complètement égoïste. Les génies ou démons se divisaient naturellement en deux catégories hostiles entre elles, les bienfaisants et les malfaisants; les derniers étaient dans l'origine tout à fait prédominants, alors que les hommes étaient presque toujours sous l'empire de la peur. Mais à mesure que l'humanité grandit et se fortifia, les bons génies prirent le dessus sur les mauvais; les législateurs et gouvernants s'efforcèrent de leur faire gagner la suprématie pour détruire la superstition. C'est ainsi que les empereurs chinois opposèrent toute une hiérarchie officielle de bons génies aux démons populaires. Le mazdéisme paraît n'avoir été dans l'origine que la lutte des génies bienfaisants hiérarchisés sous un chef Ormuzd contre les génies malfaisants hiérarchisés sous Ahriman, et Zoroastre est venu enseigner la suprématie ou le triomphe d'Ormuzd et la défaite définitive d'Ahriman. Les légendes brahmaniques renferment les récits d'une lutte semblable entre les Dévas et les Assouras. L'antagonisme des démons se prolonge jusqu'à nos jours dans le Bouddhisme; mais ils sont subordonnés aux Bouddhas. La croyance aux génies est encore aujourd'hui la plus vivace des croyances de l'Extrême-Orient, et elle tient une grande place dans les religions sémitiques. L'Animisme ou le Démonisme paraît donc avoir été, bien plutôt que le fétichisme, le point de départ des religions de l'Orient et le premier degré du polythéisme.

Le second degré fut la déification des objets semi-tangibles, les fleuves, les montagnes, la terre, la mer. Les derniers par leur immensité touchaient déjà à l'infini et formaient la transition entre les dieux mineurs et les dieux majeurs, c'est-à-dire les dieux intangibles, les astres divers et enfin dans son ensemble le Ciel, l'image de l'infini et le révélateur du Dieu unique, le *Dieu Unique* de la Chine essentiellement réaliste.

A mesure que l'homme domptait la nature et conquérait la sécurité et une existence meilleure, son cœur s'élevait aux sentiments altruistes; sa reconnaissance s'éveillait pour les bienfaits reçus, pour les divinités favorables. Dès qu'il atteignit la civilisation pastorale essentiellement douce, et même un peu contemplative, il aima dans la famille et dans l'univers.

Il connut la *Piété*; « la piété d'Abel était chère au Seigneur ». Ce fut la seconde phase de l'adoration; déjà dans celle-ci entre l'amour qui, de nos jours, en constitue l'essence.

La vie pastorale se prêtait à l'observation des grands phénomènes naturels qui dépendent des lois astronomiques et de l'action solaire. Le caractère presque toujours bienfaisant de cette action et sa toute puissance frappèrent d'abord les peuples pasteurs et ensuite les peuples agriculteurs. De là les religions dans lesquelles le Soleil (ou le Feu) joue le rôle principal et que nous appellerons les *religions solaires*. C'était la physiolatrie avec la hiérarchie des grandes forces naturelles, le polythéisme montant toujours pour s'élever de plus en plus vers le monothéisme (1).

Dans tout cela, la conduite de la vie n'entrait pour rien. Les dieux n'étaient que des puissances arbitraires. L'idée de justice n'était alors que celle d'une réciprocité nécessaire ou la crainte du ressentiment d'autrui. La morale, application de cette idée, était tout à fait en dehors de religions qui n'avaient point encore conçu l'absolu divin duquel seul on peut, *théologiquement,* faire dériver l'absolu moral, le juste absolu.

-----

(1) Nous faisons, dans cette genèse, complètement abstraction du peuple de Dieu et de la Terre Sainte, et nous ne raisonnons que sur les nations qui n'ont point reçu la révélation de Moïse.

L'acte religieux, c'est l'adoration intéressée ou désintéressée comportant des degrés; l'acte moral c'est l'obéissance complète à la règle invariable du bien, à la conscience. Ainsi qu'on l'a vu par mille exemples dans l'antiquité et qu'on le voit encore aujourd'hui, le sentiment qui a pour objet le divin et le sens moral, bien qu'ils se trouvent réunis dans toutes les religions des civilisations avancées, sont deux sens distincts, et souvent le développement de l'un ne correspond pas à celui de l'autre, soit chez les individus, soit dans les peuples. Ainsi, on voit des hommes très moraux avoir peu ou point de piété et des personnes sincèrement pieuses commettre beaucoup de fautes contre la morale par faiblesse ou légèreté. Les Hindous sont pieux jusqu'à la superstition et peu moraux. Les Chinois se vantent à la fois de leur moralité et de leur scepticisme. La probité est rare en Orient et même chez les grecs et les slaves, bien qu'ils soient dévots. Dans le midi de l'Europe, la dévotion est plus forte que la moralité; dans le Nord c'est l'inverse. Nous venons d'employer à dessein le mot *dévotion* et non religion, afin de conserver à ce dernier mot son sens primitif plus général *ce qui lie (religio, religare)*. On disait et on dit encore la religion du serment (*religio jusjurandi*), la religion de l'honneur; une religion se conçoit avec plus ou moins de dévotion, plus ou moins de morale. Les religions de Confucius et de Bouddha sont exclusivement morales, celles des sectes actuelles de l'Inde exclusivement dévotes.

Les premiers peuples n'ont d'abord conçu la vie future que comme un prolongement indéterminé de la vie actuelle;

c'était une satisfaction donnée, d'une part, à l'imagination qui nous dépeint le bonheur comme reculant toujours devant nous, et d'autre part au meilleur de nos sentiments altruistes, le désir de revivre avec les personnes aimées ; cet espoir entre sans doute pour beaucoup, même aujourd'hui, dans notre foi à l'immortalité. Les peuples primitifs espéraient des séjours fortunés, des pays de chasses, des jardins délicieux. Telle était la croyance des Ariahs Védiques des Peaux-Rouges etc.; elle ne reposait nullement sur l'idée de la rétribution des œuvres.

Cette dernière idée n'a pu provenir que de deux sources : l'une essentiellement pure, la croyance à un dieu unique, providence et justice; l'autre infiniment moins recommandable, la pensée d'une nécessité politique et sociale. Comme, en dehors de la révélation, la doctrine de la Providence n'a pas été formulée nettement avant Socrate, c'est à la seconde source qu'il faut faire remonter *l'institution* de la vie future comme sanction de la moralité et comme moyen de récompense et surtout de punition. J'ai employé le mot « Institution » car la vie future entre dans le code pénal des peuples de l'Orient imbus de ce dogme et ce sont les articles de ce code qui s'y rapportent qui ont laissé la plus forte empreinte sur leur esprit. Les peines de la vie future, que les *Védas* ne mentionnent même pas, remplissent les *Lois de Manou,* œuvre essentiellement politique et sacerdotale, et ces lois édictent pour chaque faute une punition avant et après la tombe. La Grèce reçut de l'Inde ce dogme que nous trouvons affaibli dans les descriptions poétiques des enfers. Les sages de la Grèce avant Socrate qui s'inspiraient de l'Egypte ont écrit qu'il faut enseigner aux hommes le dogme de l'immortalité de l'âme, non à cause de sa certitude, mais pour son utilité !

Ces considérations sur un dogme qui constitue l'essence du Brahmanisme et du Bouddhisme nous ont fait dépasser le premier âge des religions, celui de l'*adoration spontanée*.

A la fin de cet âge, les nations avaient grandi et formaient de vastes et puissantes communautés. Le culte public et le sacerdoce s'étaient partout constitués. Chez les peuples où dominait la politique ou bien le sentiment patriotique comme les Chinois, les Grecs et plus tard les Romains, le culte et le sacerdoce étaient subordonnés aux institutions et aux chefs politiques. Chez ceux où dominait au contraire le sentiment religieux, les chefs politiques et la société obéissaient à une théocratie; tel fût le cas de l'Inde et jusqu'à un certain point de l'Égypte. L'Iran, les Médo-Perses, paraissent avoir été dans une situation intermédiaire. Mais partout la politique et la religion étaient mêlées et on ne distinguait point le domaine de l'une de celui de l'autre. *Ce fut l'âge social et politique des religions.* Alors elles tracèrent des règles pour la conduite de la vie et mirent une sanction, ainsi que nous venons de le dire, à chacune de ces règles; mais elles s'inspirèrent alors uniquement du but social et politique à atteindre et non des principes de l'éternelle justice;

c'est ainsi que les lois de Manou sont remplies de dispositions iniques et mêmes immorales.

D'un autre côté, les prêtres ou ascètes pourvus de loisirs par la libéralité des princes et des peuples consacrèrent à l'étude une vie exempte de soucis et de périls et creusèrent profondément les questions philosophiques et théosophiques. De cette élaboration naquirent le Panthéisme des Brahmes, le Mazdéisme, et les Sacra d'Égypte, la religion des Mystères; toutes ces religions, en conservant les croyances populaires aux génies et aux déités secondaires, aboutissaient, quoique avec des principes différents, à la reconnaissance sinon d'un dieu unique, au moins d'un dieu suprème; le sentiment de l'unité du Moi devait conduire à l'unité du divin. Mais le dieu suprême des Brahmes était l'absolu, embrassant tout, enchaînant tout, confondant tout en lui-même, le fatalisme et non la providence, l'infini mathématique (l'universalité substantielle du vide) et non l'infinie perfection. D'ailleurs la doctrine des Brahmes était, comme les Sacra d'Egypte, une science fermée et non la foi populaire. Mais, par cela même, elle pouvait se rendre indépendante et devenir rationaliste. Se fondant sur la logique et non sur la foi, elle préparait l'avénement de la philosophie, ce mot étant entendu dans le sens grec, amour de la connaissance, de la σοφία, expression dont la *Bôdhi* indienne est l'exact équivalent. Du sein même de la caste des Brahmes sortait Kapila qui intronisait la Raison, lui subordonnait la tradition et le témoignage et ne conservait des vieilles croyances que la foi dans les pouvoirs surnaturels que

confère la sainteté, dogme qu'ont admis toutes les écoles
indiennes ou issues de l'Inde. Il condamnait comme
inefficaces le sacrifice et la plupart des pratiques; « seule
la Bodhi pouvait procurer la délivrance de la triple
douleur ».

Après lui, Kanada formulait les règles de la logique et
éclairait la philosophie au flambeau de la science de la
nature. Les philosophes, les théosophes et les ascètes, se
séparaient de plus en plus des théocrates qui rivaient le
peuple à la superstition et à l'abjection. De nombreuses
écoles livrées à la recherche et au culte de la Bodhi
établissaient nettement la distinction entre la perfection
morale et l'obéissance aveugle à la loi écrite ou à la
coutume. La rétribution des œuvres devenait ainsi la
sanction de la conformité des actes à la morale et à la
loi du perfectionnement de soi-même; il était fait de
plus en plus abstraction des castes.

Il est évident qu'il régna alors dans l'Inde une grande
activité intellectuelle dont le mouvement se propagea au
loin, soit par des ascètes nomades et mendiants ou des
chefs d'école voyageurs, soit par les rapports fréquents
que la Perse et l'Égypte avaient certainement alors avec
l'Inde, car les communications maritimes avec l'Égypte
étaient faciles alors comme aujourd'hui, même sur de
faibles embarcations. Ce fut la première éruption de la
Bodhi indienne. On en trouve certainement la trace, en
Chine dans la religion de Lao-tse, en Grèce dans les
doctrines des Sages et surtout de Pythagore et peut-être
en Judée dans la secte des Esséniens et jusqu'en Gaule

chez les Druides. Ainsi se préparait un troisième âge où la religion dégagée de son union intime avec la politique devait avoir une existence propre, séparée, indépendante des limites et du régime social des états divers et dans laquelle les idées et les sentiments altruistes devaient occuper la place principale. C'est ainsi, ou du moins à très peu près, que s'était constitué le Mazdéisme qui avait réuni à la piété, la morale et même l'hygiène, mais qui paraît avoir été plutôt une religion positive que de théosophie et de prosélytisme.

Dans l'Inde brahmanique, il n'y avait point d'enseignement moral pour le peuple conquis, les Soudras soumis aux Aryens; la doctrine de la transmigration condamnait la caste servile à une dégradation irrémédiable et ne lui laissait pour lot que l'oppression, la misère et l'immoralité. Les deux castes Aryennes, les Kchatrias et les Vessiahs que la caste Aryenne supérieure, les Brahmes, s'était subordonnée, profondément blessées dans leurs droits anciens et dans leur amour-propre, étaient aussi bien que les Ascètes et les Ecoles philosophiques, opposées à l'asservissement général. La doctrine des Avatars ou incarnations de Vichnou pour punir et régénérer le monde, avait préparé les Indous à l'idée de réformateurs et de rédempteurs. L'exemple des Saints et des Sages possédant la Bodhi qu'ils enseignaient ainsi que les moyens de la délivrance, et qui, sans doute, prirent ou reçurent de bonne heure le nom de *Bouddhas* (éclairés) dût mettre l'Inde dans l'attente de sauveurs s'élevant parmi ces Ritchis, ces

Bouddhas; et déjà peut-être plusieurs Bouddhas avaient joué partiellement ce rôle, quand apparût un homme magnanime qui, par le sang royal, avait hérité de l'hostilité généreuse des princes contre la théocratie et, par une éducation hors ligne, avait appris qu'il fallait apporter aux peuples la *morale* et la *miséricorde* qu'on leur avait refusées. A force de cœur et de génie, il sût assumer et acomplir une mission qui, avec des commencements assez humbles, eût une action presque illimitée et fit de lui le Rédempteur humain de l'Extrême-Orient.

Il eût deux dogmes essentiels; le premier emprunté aux Brahmes, mais purifié et rendu conforme à l'éternelle justice; le second qui partit de son cœur, *la Miséricorde*, la compassion. Le premier dogme fût d'abord formulé ainsi :

« Tout acte bon ou mauvais porte en lui-même, par voie de fructification, sa récompense ou sa punition dans la vie présente ou les vies futures ». C'est la rétribution inhérente aux actes, la morale avec une sanction inévitable comme le destin. « L'homme n'arrive à la délivrance de la triple douleur, qu'après avoir acquitté sa dette morale; lorsqu'il a acquis d'immenses mérites dans un grand nombre d'existences, il entre dans un état définitif de béatitude, à la fois omni-science et perfection absolue, appelé le *Nirvâna* ». C'était l'égalité de tous devant la loi morale et la vie future.

Pour faire passer cette doctrine dans les faits, il fallait remplacer la caste régnante des Brahmes par un corps ayant le même prestige, mais sans attaches sociales. Le prestige ne pouvait venir que de la pratique des vertus ascétiques et ce fut elle que Bouddha prit pour la base de son institution. Les religieux bouddhistes forment un corps *toujours ouvert* qui enseigne les fidèles surtout par l'exemple et en leur offrant un modèle à imiter. Ils doivent observer la chasteté et la pauvreté les plus absolues. Rien ne les enchaîne à la terre, car ils n'ont point de famille et ils méprisent *ce triste corps*. Rien ne les lie au pouvoir séculier, car en principe, ils doivent vivre de la libéralité spontanée des fidèles, se contentant du plus strict nécessaire et s'abstenant de toute sollicitation. Ils ne doivent même pas de reconnaissance pour l'aumône reçue, car celui qui la fait acquiert pour les vies futures des mérites qui le paient avec usure.

Ce fut peut-être la première solution d'un problème bien ancien et universel dont la formule moderne est celle-ci : « L'église libre dans l'état libre » ; idéal qui n'a jamais été atteint, mais qu'il est logique de poursuivre. Bouddha paraît être le premier législateur qui se le soit proposé.

'Bouddha n'était point uniquement un philosophe, car il faisait dériver la morale, non de la raison pure, comme l'ont fait Confucius et Kant, mais d'un certain surnaturel, qui n'était point le divin : la transmigration et la vertu miraculeuse des œuvres saintes. Mais en basant sa doctrine sur des principes éternels, la justice, la loi du perfectionnement moral, la vie future, la miséricorde

infinie pour tous les êtres, Bouddha avait fondé une religion universelle qui devait se propager et se conserver dans l'Extrême-Orient, partout où l'état économique et social permettait l'entretien et le maintien du corps religieux. Le célibat religieux sans vœux perpétuels, a été d'abord le moyen le plus puissant de propagande du Bouddhisme, puis la cause de ses pertes et de sa décadence. Dans l'Inde, l'état religieux fut embrassé principalement par l'élite de la population convertie au Bouddhisme, les deux castes Aryennes des Kchatryas et des Vaissyas opposées aux Brahmes et même, dans l'origine, par un certain nombre de Brahmes qui ne vivaient point du sacerdoce. En quelques siècles le célibat dévora cette élite, tandis que la caste des Brahmes se maintenait vivace par l'hérédité et le gain et affermissait par la superstition son influence sur la caste servile. Bientôt les *Viharas* (couvents) bouddhistes se dépeuplèrent faute de moyens de se recruter et de vivre; le corps religieux se réduisit, s'abaissa et s'éteignit graduellement et avec lui la foi bouddhique dans l'Inde. Le Bouddhisme a également disparu des pays conquis par les Musulmans, parce que ceux-ci absorbant tout le revenu de ces pays, les habitants privés du nécessaire cessèrent d'entretenir les religieux bouddhistes qui avaient échappé au massacre. En Chine et dans l'Annam, le célibat des Bonzes est le principal grief contre le Bouddhisme et la cause de sa déconsidération.

C'est dans les royaumes de Siam et d'Assam et surtout

en Birmanie que l'institution primitive et le corps religieux se sont le mieux conservés et c'est là qu'il faut étudier l'œuvre du Bouddha, ainsi que Mgr Bigandet, évêque de Birmanie l'a fait avec tant de soin et de bonne foi. Les couvents sont des maisons d'éducation et de retraite autant que des demeures de cénobites. À Ceylan et au Tibet les religieux bouddhistes sont, *de fait*, enchaînés pour la vie à leur état. À Ceylan, cela provient de ce que le religieux bouddhiste qui est un homme hors caste, ne trouverait point place dans une caste honorable, s'il rentrait dans le siècle. Au Tibet, il faut l'attribuer à un développement particulier et dernier du Bouddhisme qu'on a appelé le *Lamaïsme* et que nous allons caractériser.

En ajoutant le principe de l'éternité de la personnalité humaine à celui de la rétribution des œuvres déjà admis par les Brahmes, le Bouddha avait déjà fait une grande révolution religieuse, car c'est à peu près uniquement dans ces deux principes que consiste ce qu'on a appelé le Bouddhisme primitif. Mais il n'y avait là que de la raison et de la moralité; il n'y avait rien pour le sentiment religieux qui tient surtout de la faculté d'aimer. La béatitude du Nirvâna dont l'amour est exclu aussi bien que la haine, serait l'enfer pour les âmes religieuses. « L'enfer, dit Sainte-Thérèse, c'est quand on cesse d'aimer ».

L'élément religieux apporté par Bouddha et qui lui est tout à fait propre est la compassion et le dévouement *pour tous les êtres*. La généralité de cette formule était encore une concession aux systèmes religieux et philosophiques antérieurs de l'Inde. Le défaut de cette généralité annihilante était singulièrement réduit, même dans le Bouddhisme primitif, par la très grande prééminence que Bouddha attribuait à l'homme sur le reste des êtres. La miséricorde infinie des Bouddhas et Boddhisattvas formant une suite de rédempteurs ou d'intercesseurs bienfaisants, c'était déjà presque une Providence tutélaire et sans cesse agissante; la compassion, la bienveillance sans bornes recommandées comme les premières vertus bouddhiques, c'était presque la charité telle que le christianisme l'a pratiquée; c'était du moins un développement des sentiments altruistes aussi grand que le comportait la nature des races de l'Orient bien inférieures par le cœur à celles de l'Occident.

Cette partie de l'enseignement du maître qui était complètement nouvelle fut celle qui tint le moins de place dans sa prédication où il s'appuyait surtout sur les principes dont étaient déjà imbus ses auditeurs. Elle n'en fut point tout-à-fait absente, car Bouddha, n'avait point, comme les Brahmes, fait de ses dogmes essentiels un secret confié uniquement à un très petit nombre de privilégiés.

Mais il devait développer beaucoup son enseignement dans les instructions et conférences qu'il faisait à l'élite de ses religieux et ces développements devaient nécessairement porter principalement sur les parties de sa doctrine tout-à-fait nouvelles ou qui n'entraient point dans les idées les plus généralement reçues jusqu'alors. C'est là sans doute ce qui a permis à plusieurs sectes de prétendre, longtemps après lui, qu'il avait eu une doctrine ésotérique, dont elles avaient hérité ; elles avaient besoin de cette thèse pour ne pas aller à l'encontre des déclarations des premiers conciles qui avaient proclamé « que toute vérité se trouve dans ce qu'a dit le Bouddha ». Quoiqu'il en soit, le plus ou moins d'élévation et de développement de l'enseignement du maître, suivant les disciples auxquels il s'adressait, devait donner naissance à deux catégories d'écoles : la première adoptant la partie la plus vulgarisée de sa prédication, se fondant presque exclusivement sur la rétribution des œuvres et conservant, avec quelques appropriations, la mythologie Hindoue et en partie sa poésie ; la seconde exaltant la miséricorde, la piété et la foi, se lançant dans toutes les subtibilités de la méthaphysique et de la scolastique, remplaçant le brillant et poétique Panthéon Hindou par des saints, des rédempteurs, des intercesseurs en nombre infini sous les noms de Bouddha, boddhisatwas etc., possédant des pouvoirs surnaturels en vertu de ce principe admis même par Kapila que la sainteté donne une puissance surhumaine et qu'aux grands mérites est attachée la vertu des miracles. Tout le surnaturel bouddhique découle de ce principe et de la notion de l'infini, deux idées antérieures au Bouddha. Les saints du Bouddhisme, sont des modèles de vertu s'élevant, si l'on veut, jusqu'à l'héroïsme, mais ils sont morts pour l'imagination. Ils sont aux dieux Hindous ce que les saints du christianisme sont aux dieux d'Homère. Dante et Millon ont poétisé l'Enfer et Satan, mais ils ont échoué pour le Paradis. On est frappé de ce changement de ton et de couleurs dans les écrits bouddhiques, quand immédiatement après le *Lalita Vistara*, vie du Bouddha encore toute imprégnée d'Hindouïsme, on lit le *Lotus de la Bonne Loi* ou Nénuphar blanc, livre canonique du grand Véhicule, c'est-à-dire de la première période du Bouddhisme transcendental. Les dieux de l'Inde n'y apparaissent plus que pour mémoire; les Ritchis, les Arhats, les Boddhisatwas y sont en nombre infini et dans des espaces et des mondes infinis. Peut-être faut-il voir dans cette éclipse des dieux, souvent mauvais, et dans cette suprématie toujours croissante des saints et des bienfaiteurs, la continuation du triomphe attribué partout par le progrès humain au principe du bien sur celui du mal et sous une autre forme la défaite d'Arhiman par Ormuzd. Bientôt le pâle Nirvâna sera remplacé par le ciel d'Occident, paradis d'Amitaba ou du Bouddha préexistant et on arrivera au Tibet et en Chine, par le développement naturel des idées et des sentiments altruistes et des idées sur le surnaturel et sur l'infini, à une religion qui renferme une grande partie des croyances et des pratiques chrétiennes, et des cérémonies fort semblables à celles du catholicisme.

La conclusion des religions d'origine Aryenne de l'Orient semble un prélude ou un reflet de la grande religion des Aryens de l'Occident.

Ces évolutions et cette conclusion se trouvaient en germe dans l'enseignement et la vie du Bouddha

Çàkya-mouni, et on ne saurait les considérer uniquement comme une altération et une subversion de ses doctrines; il faut y voir au contraire un engendrement et une fructification naturels et logiques. Bien qu'enté sur le Judaïsme iconoclaste et exclusif, le christianisme s'est universalisé et son culte a emprunté le concours de tous les arts; de même le Bouddhisme, bien qu'issu de l'Hindouïsme et de la philosophie rationaliste de Kapila, et presque sans culte à son origine, est devenu la religion de tout l'Extrême-Orient et sous la forme du Lamaïsme, a donné à son culte tout l'éclat que comportait le peu de génie artistique des peuples sur lesquels il règne.

En même temps que ses promesses pour la vie future et ses espérances dans l'intervention des rédempteurs et la miséricorde du suprême Adibouddha alimentaient les sentiments religieux ou dévots, les pompes de son culte donnaient à l'imagination la satisfaction qu'elle réclame chez tous les peuples iconophyles.

La représentation des sujets religieux ou l'absence de cette représentation est peut-être la différence la plus marquée entre les cultes divers. Certains peuples, par tempérament, aiment les images, les chants et les céré-monies; d'autres, au contraire la méditation et la prière intérieure. Dans l'antiquité, les Hindous, les Grecs et les Romains; aujourd'hui les mêmes peuples, ceux du midi de l'Europe et les Slaves sont iconophyles. Les Chinois, les Arabes, les nations du nord de l'Europe et en général tous les peuples qui habitent des contrées d'un aspect sévère et monotone sont iconophobes et très sobres de manifestations religieuses. C'est affaire de tempérament et de climats. Le Bouddhisme primitif, presque sans culte, n'a pas survécu dans l'Inde iconophile ; le Bouddhisme définitif s'est conformé, au Tibet, au tempérament iconophyle de la race des *Bod* qui, peut-être, se confond avec celle des Dravidiens ou Soudras de l'Inde auxquels on attribue une origine Touranienne.

En Chine et dans les pays de civilisation chinoise, c'est-à-dire l'Annam, le Japon et la Corée, le Bouddhisme s'est allié ou superposé aux religions nationales, produits naturels du sol et de la race ; en Chine à la religion des Ancêtres (Confucius) et des Esprits (Laotse) ; au Japon au Sinthoïsme où s'étagent chronologiquement et hiérarchiquement les Esprits ou Génies, la physiolatrie des grandes forces naturelles et les dynasties divines (1). Au réalisme de ces peuples, il a ajouté son idéal dans la mesure que comportait la nature plus ou moins superficielle de chacun d'eux. Les divers degrés de cet éclectisme, les combinaisons variées qu'il a admises et les progrès ou excroissances issus de ces combinaisons ou des luttes

----

(1) Nous possédons aujourd'hui la traduction du plus important des livres sacrés du Sinthoïsme. Elle a été publiée par. M. Léon de Rosny sous le titre d'*Histoire des Dynasties divines* (Ouvrage couronné par l'Académie des Inscriptions).

entre leurs adeptes; fournissent à la science des religions une matière d'études très curieuses et qui peuvent même être fécondes pour la philosophie religieuse, notamment celles qui concernent le Japon.

Nous avons essayé de parcourir les degrés divers par lesquels nos ancêtres Aryens et, à leur suite, les peuples de l'Extrême-Orient, se sont élevés de l'Animisme et du Démonisme, soit de l'adoration des divinités bienfaisantes et malfaisantes, à la physiolâtrie, c'est-à-dire au polythéisme des grandes forces naturelles représenté surtout par les Védas; puis des Védas au Panthéisme Brahmanique et à la philosophie des Écoles rationalistes de l'Inde; puis au Bouddhisme et à ses développements divers pour arriver aux écoles et aux sectes actuelles de l'Inde et au Bouddhisme actuel. Nous nous sommes efforcé de distinguer et de faire ressortir les diverses phases sociales et philosophiques, l'enchaînement et la genèse générale de ces évolutions successives, les impulsions qu'elles ont données ou reçues et les rapports avec les mouvements religieux contemporains. L'ensemble constitue peut-être l'élaboration la plus curieuse et la plus complète de l'esprit humain, et après celle du Christianisme, la plus grande révolution des sociétés humaines. Le Bouddhisme, essentiellement pacifique et même énervant, a changé les mœurs des peuples asiatiques dont l'invasion menaçait de submerger la civilisation et l'Europe. Il a ainsi arrêté dans l'Extrême-Orient les progrès du Mahométisme que, de son côté, l'Europe, à la fois pieuse et guerrière, contenait par les armes. Il a eu ainsi avec le Christianisme

celte fortune commune d'avoir trouvé dans l'Islamisme
son plus grand ennemi, un ennemi qui, par son énergie
supérieure, a constamment gagné sur lui, tandis qu'il a
été constamment refoulé par les Chrétiens.

Le développement historique de ces grands mouvements
qui durent encore sollicite au plus haut point l'intérêt.
La science de l'Orient est aujourd'hui assez avancée pour
qu'un essai, si téméraire qu'il soit, sur ce sujet, puisse
être tenté. Un séjour de six ans dans l'Inde, dans de
bonnes conditions pour l'observation et pour l'étude, nous
a donné des idées très précises sur les mœurs, les
institutions et les qualités de ses races diverses. Cette
connaissance nous a permis de comprendre et de juger
avec une certaine sûreté tout ce qui a été écrit d'essentiel
sur l'Extrême-Orient soit en France, soit à l'Etranger :
publications des missionnaires catholiques et protestants,
travaux des savants, des Orientalistes etc. Nous avons
complété ces renseignements par une correspondance
étendue avec des personnes qui ont longtemps habité ces
contrées lointaines et qui étaient par leur situation,
obligées de les étudier à fonds (1).

Dans les travaux que nous avons entrepris et en dehors
du but principal de nos travaux, nous nous en sommes

---

(1) Avec tous ces documents, nous avons composé un vaste
tableau comprenant :

1° L'histoire religieuse, philosophique et sociale de l'Inde avant le
Bouddha ;

2° La vie et la prédication du Bouddha ; on peut y adjoindre ou

proposé encore un autre qui a son importance, celui de vulgariser en France la connaissance de l'Extrême-Orient où nous pénétrons par la Cochinchine et le Tonkin. Sans doute les savants français ont contribué, au moins autant que les étrangers aux progrès de la science de l'Orient ; mais ils n'ont écrit que pour la faire avancer et non pour la vulgariser. Au contraire, les étrangers, surtout les anglais ont composé des livres fort bien faits, d'une étendue et d'un prix restreints qui résument heureusement et avec des explications suffisantes et des démonstrations très complètes les connaissances aujourd'hui acquises. Ces livres sont fort utiles à leurs missionnaires, à leurs administrateurs et même à leurs commerçants et sont lus par tous ceux qui s'intéressent à ces contrées lointaines, ne fût-ce que par patriotisme ou par curiosité humanitaire ou religieuse. Nous espérons que notre ouvrage aura pour la France la même utilité.

---

reporter au nº 3, la description du Bouddhisme en Birmanie, le pays qui a le mieux conservé l'institution primitive du Bouddha, et à Ceylan, trésor de sciences bouddhiques ;

3º L'histoire religieuse, philosophique et sociale de l'Inde après le Bouddha, c'est-à-dire l'établissement et le développement du Bouddhisme dans l'Inde, son expansion au dehors, sa chûte dans l'Inde, l'Hindouïsme actuel et l'avenir religieux de l'Inde ;

4º Le lamaïsme au Tibet et dans les pays voisins ;

5º La religion et la civilisation en Chine, dans l'Annam et au Japon, c'est-à-dire dans tous les pays de civilisation chinoise.

Les nº¹ 1º et 2º peuvent être groupés dans un livre sous le titre *l'Inde antique et le Bouddha* ; les nº¹ 3º et 4º sous le titre *l'Inde et le Thibet après le Bouddha.*

Les protestants missionnaires ou savants, ont étudié avec soin et paraissent avoir décrit avec impartialité les effets du Bouddhisme dans l'immense Empire Chinois et ils pensent qu'il en a préparé l'évangélisation en inculquant dans les idées de ces peuples l'incarnation, la rédemption, la vie future, la rémission partielle des péchés par la pénitence, l'imitation des vertus des saints, une miséricorde infinie pour l'homme dans le cœur du Bouddha ou des Bouddhas, analogue à la miséricorde infinie du cœur de Jésus, la prière incessante, et enfin une foi pieuse quoique vague et indécise en un être suprême qui se trouve au fonds des croyances bouddhistes et indiennes.

En même temps le Bouddhisme semble vouloir se retremper et se raviver à la source de l'Occident. Le Japon a envoyé à Paris de savants Bouddhistes pour nous soumettre leurs systèmes; ils ont débattu chez eux avec un de nos savants (M. Guimet), les articles d'un catéchisme bouddhiste aujourd'hui enseigné officiellement. Ce peut être le premier pas dans la voie d'une rénovation.

L'Europe est donc en mesure de conquérir progressivement l'Extrême-Orient par tous les moyens de civilisation y compris les moyens moraux et religieux. C'est la destinée providentielle des races supérieures telles que celles de l'Occident, d'améliorer les races inférieures qui peuplent l'Asie et l'Afrique. Elles doivent leur apporter une morale pure et élevée, l'ordre, la paix, la puissance et la fécondité sans bornes de l'industrie et de la science. Elles ne peuvent, il est vrai, s'acclimater assez dans une grande partie de l'Asie et dans l'Afrique équatoriale pour les coloniser. Mais les Européens supportent des séjours assez prolongés dans ces contrées comme négociants, administrateurs ou soldats et ils peuvent se refaire et même s'acclimater dans les hautes montagnes qui occupent en Asie une si grande étendue. De leurs rapports avec les indigènes naît une race mêlée qui aura, en grande partie, les qualités de la race supérieure et qui pourra vivre constamment et se perpétuer sous ces climats. L'expérience est acquise pour les mulâtres d'Amérique et du littoral africain de l'Atlantique et même déjà dans les ports de la Chine et de l'Indo-Chine.

Sans doute lorsque, dans un pays, les membres d'une race supérieure ne sont qu'en infime minorité, les produits mixtes sont absorbés successivement dans le milieu ambiant où ils sont noyés. Mais ces cas, autrefois nombreux, deviennent de plus en plus rares, à mesure que les progrès des moyens de transport et de l'hygiène et, l'habitation des montagnes élevées permettent aux races supérieures de renouveler très fréquemment leurs membres sous toutes les latitudes et même de les y maintenir d'une manière permanente ainsi que cela a lieu dans l'Inde et d'autres possessions anglaises.

Dans presque toute l'Afrique, par suite de la promiscuité des nègres Autochtones asservis et de leurs conquérants Berbères, Fullas, etc., de races supérieures, les métis sont devenus plutôt la majorité que l'exception et, sur beaucoup de points le niveau moyen de l'intelligence et même celui de la civilisation se sont élevés de ce fait. On sait que les Métis portugais ont une sérieuse importance dans l'Ouest de l'Océanie et que les Métis Chinois en prennent une pareille dans l'Est.

Les métissés vont donc toujours en augmentant en nombre, en qualités et en influence sous toutes les latitudes où ne peut s'implanter une population européenne.

D'un autre côté, les races inférieures se répandront partout où elles pourront vivre et où elles trouveront un emploi et des salaires suffisants pour leurs besoins très restreints. Les Chinois qui ont chez eux tous les climats, paraissent supporter toutes les latitudes tempérées ; et les Nègres, des températures beaucoup plus basses qu'on ne le supposerait au premier abord; celle par exemple de New-York. Il existe de petites colonies de nègres en progrès dans quelques localités assez froides de l'Algérie. Tiaret, à l'altitude de plus de 1000 mètres, en possède 200. Cela tient sans doute à la constitution très robuste des races jaune et noire, des Chinois ou Touraniens et des Nègres. Ces deux races paraissent en outre avoir le privilège de résister bien mieux que les autres aux influences paludéennes et d'être moins sujettes aux fièvres pernicieuses qui font tant de victimes parmi les Européens, les Hindous et les Semites.

Le rêve de Bernardin de St-Pierre dans le *Café de Surate* devient chaque jour de plus en plus une réalité.

L'hostilité des religions, sinon leur différence, tend à disparaître aussi bien que celle des races. Dans l'Inde, le Brahma-Sadji s'efforce de marier l'Évangile avec les Védas, sous l'impulsion de l'Unitarisme Anglais, et ce dernier tend les mains au Bouddhisme en même temps qu'à l'Hindouïsme en reprenant la doctrine d'Origène sur le salut final universel. Obéissant à une élite, le Judaïsme s'élève de plus en plus au-dessus de la loi simplement prohibitive et de la seule crainte de Dieu, et accentue dans son sein la charité active et universelle. L'Islam, dans ses nombreuses confréries, celle des Snoussia exceptée, incline beaucoup vers les doctrines indiennes et chrétiennes sur la répression de l'orgueil et des sens et sur l'assistance du prochain; en outre, il devient tolérant dans beaucoup de pays. Enfin dans le Christianisme même, domine l'esprit de conciliation. Le pape appelle à lui les schismatiques; les missionnaires évangéliques et catholiques, dans l'intérieur de l'Afrique, se prêtent mutuellement secours et par un accord tacite se partagent la moisson surabondante au lieu de se la disputer.

« En mêlant à la fois les idées, les produits et les hommes, dit M. Frédéric Passy, la grande famille humaine s'achemine peu à peu vers son idéal, l'unité. *Unanimes in eadem domo* ». Pour les pieux, cette unanimité est le règne de Dieu; *Adveniat regnum tuum !*

L'amélioration des races humaines se fera donc à la fois par l'esprit et par la chair, et sera générale et rapide, grâce à la toute puissance des moyens moraux et matériels dont disposent aujourd'hui les nations de facultés supérieures.

Descendue des hauts plateaux de l'Asie, la race Aryenne a peuplé tout l'Occident, conquis l'Inde et la Perse, agi par celle-ci sur les semites, et enfin, par l'Inde, imprimé son cachet, à tout l'Extrême-Orient. Aujourd'hui la civilisation Aryenne remonte vers son berceau ; les slaves, les Anglais, les Français, ensèrent chaque jour plus étroitement la Haute-Asie et l'empire Chinois ; il est donc pour nous du plus haut intérêt de connaître le résultat actuel de l'action et de l'influence sur ces contrées des religions issues des Aryens de l'Inde ; et la clef de cette influence se trouve surtout dans la vie du Bouddha Câkyamouni.

Saint-Valery-en-Caux. — Imprimerie E. Dangu

Publications de la Société d'Ethnographie

SECTION ORIENTALE

PREMIÈRE SÉRIE. BULLETIN (TOMES I A IV).

I-IV. — *Bulletin de la Section Orientale*. Paris 1868-90.
— Quatre volumes in-8°, avec planches.... : 48 fr. »

SECONDE SÉRIE. — MÉLANGES ORIENTAUX (TOMES V A IX)

V. — *Études Orientales*. — Un vol. in-8°.

VI. — *Notices sur le Bouddhisme*. — Un vol. in-8°.

VII. — *Dictionnaire des Religions orientales*, publié par D. MARCERON.

VIII. — *Dictionnaire d'Ethnographie asiatique*.

IX. — *Alphabet international linguistique*, par Léon DE ROSNY.

TROISIÈME SÉRIE. — BIBLIOTHÈQUE ORIENTALE (TOMES X A XVI)

X. — *Grammaire générale indo-européenne*, par F.-G. EICHHOFF. Paris, 1867. — Un volume in-8°....... 6 50

XI. — *Dictionnaire des signes idéographiques de la Chine*, par Léon DE ROSNY. Paris, 1867. Un volume in-8° 20 »

XII. — *Variétés orientales*, historiques, géographiques, scientifiques, bibliographiques et littéraires, par Léon DE ROSNY. Paris, 1869. — Un vol. in-8°, avec planches.................................. 7 »

XIII. — Le *Li-sao*, poème du IIIe siècle avant notre ère, traduit du chinois par le marquis D'HERVEY DE SAINT-DENYS. Paris, 1870. — Un volume in-8°. 7 »

XIV-XV. — *Congrès international des Orientalistes.* Session de Paris. Paris, 1876. — Deux volumes in-8°, planches.................................. 7 »

XVI. — *Congrès provincial des Orientalistes*. Session de Levallois. Paris, 1876. — Un volume in-8°, planches.................................. 6 50

9 782019 301682